# 文書作成力強化

松井　浩恵 著

職業訓練法人H＆A

# ◇ 発行にあたって

　当法人では、人材育成に係る教材開発を手掛けており、本書は愛知県刈谷市にあります ARMS 株式会社（ARMS 研修センター）の新入社員研修を進行する上で使用するテキストとして編集いたしました。

　ARMS 研修センターの新入社員研修の教育プログラムでは、営業コースをはじめ、オフィスビジネスコース、機械加工コース、プレス溶接加工コース、樹脂加工コースなど全 18 種類の豊富なコースを提供しております。また、昨今の新型コロナウイルス感染拡大を受け、Zoom※でのネット受講でも使用できるように、できる限りわかりやすくまとめましたが、対面授業で使用するテキストを想定しているため、内容に不備があることもございます。その点、ご理解をいただければと思います。

　本書では新入社員研修の内容をご理解いただき、日本の将来を背負う新入社員の教育に役立てていただければ幸いです。

　最後に、本書の刊行に際して、ご多忙にもかかわらずご協力をいただいたご執筆者の方々に心から御礼申し上げます。

2021 年 3 月

職業訓練法人　　H&A

※Zoom は、パソコンやスマートフォンを使って、セミナーやミーティングをオンラインで開催するために開発されたアプリです。

# ◇ まえがき

「文章を書くのが苦手で…」
「ビジネス文書ってどう書けば良いの？」

　子どものころ、読書感想文に苦労した記憶がよみがえって、文章を書くことに少し抵抗を抱いている人は多いのではないでしょうか？
　私は、原稿用紙の指定枚数をうめることに必死で、文章内容があちらこちらして、何を書いているのかわからなくなっていたことを思い出しました。

　ビジネス社会では、感想を書くのではなく、事実と根拠と結果を書きます。
　そして、読む相手もわかっていますので、感想文よりはるかに書きやすいです。はっきり言うと、別物です。書き方さえ理解すれば、誰でも簡単に書くことができます。
　ビジネスの場で大切なのは「面白い」「感動的」ではなく「ストレスなく」「理解しやすく」「信頼感があり」「わかりやすい」文章です。

　やみくもに文章を書き続けているだけでは、なかなか文章力は上達していきません。まずは知識力・情報力を高め、情報を集めるためのインプットです。インプットとは読書をしたり、雑誌を見たり、テレビを見たり、セミナーや勉強会に参加したりすることです。

　大事なのは現時点での自分の弱点を把握したうえで、その弱点を克服すべく＜書き方の基本とコツ＞を身に付け、アウトプットすることです。

　この本は、“ビジネス文書の基本”をまとめたものです。これから社会で活躍したい、信頼される人になりたい、悩むことなくビジネス文書を書けるようになりたいと思う人に向けたメッセージです。

　「千里の道も一歩から（せんりのみちもいっぽから）」

　一歩を踏み出して、小さな努力を積み重ね目標を達成してください。

# ◇ 目次

## 第3章　人を惹きつける文書の作り方
## ～文章が上手くなるテクニック～

## 第4章　文法の基本を知れば怖くない
## ～能力・資質が判断される「基本の文法をおさえた文章」を書く～

## 第５章　ビジネス文書の基本構成を知ろう
## 〜「文章構成」を考えて「伝わる文章」になる〜

# 第 1 章

## ビジネス文書の基本

~ビジネスを円滑に進めるための「ビジネス文書術」~

# 01 ビジネス文書の役割と心得

## 1. ビジネス文書の役割と特徴

　ビジネス社会で使われる伝達手段は、電話やファックス、メール、文書など様々あります。基本的な伝達はビジネス文書で行われ、情報の伝達をスムーズにするだけではなく、相手に好感を与える効果もあります。インターネット全盛期の現代においても、コミュニケーションの主体は言葉と文字であることに変わりはありません。特にビジネスでは、証拠を残すという意味で、文書が広く活用されます。

| ビジネス文書の特徴 | ビジネス文書の役割と作成ポイント |
|---|---|
| ①正確でわかりやすい | 文書化することで、関係するすべての人に、同じ情報・意見・指示などを正しく伝えることができます。 |
| ②情報の共有や効率的な伝達ができる | 一定の形式やルールがあり、誰もが過不足のない伝達を効率的に複数の相手に同時に送ることができます。 |
| ③好感を持たれる | 敬称・頭語・結語・挨拶文などは、礼儀を重んじた表現をします。敬語表現や慣用表現は相手を尊重し、好感を持たれ信頼につながります。 |
| ④内容を証拠・資料として保存 | 伝えた証拠を残し、トラブルや勘違いによる誤りを防ぎます。文書にしておくことで記録として残り、保存することができます。 |
| ⑤企業の責任が問われる | 内容や表現には十分注意が必要です。個人の名前を使って発行したものでも、ビジネス文書は企業の名前を背負っています。言葉遣いや表現には気を付けましょう。 |

　読んで終わりではなく、次の行動につなげることが重要です。

## ２．ビジネス文書の種類

「ビジネス文書」は、大きく分けて「社内文書」と「社外文書」の２種類があります。

　　「社内文書」は、社内での伝達を確実に行うための文書で、報告書や届出書などがあります。

　　「社外文書」は、お客様との取引を円滑に行うための文書で、儀礼的な文書や取引文書などがあります。

　社内・社外問わず求められているのは、美しい文体ではなく「目的」です。まずは、「目的」を定め、何のために文章を書くのか整理しましょう。

　果たすべき役割と機能を明確にすれば、どんな形式で書くのかがわかります。

□目的は？

・相手に何らかの行動を起こさせる

・情報を正確に伝える

・記録に残す

・手続き上、要求に応じる　　など

□なぜ文書化するの？

・口頭での伝達は信頼性に欠けるため

・内容を記録として残し、保存するため

・関係するすべての人に、一度で同じ内容を伝えられるため

・法的な証明のため　　など

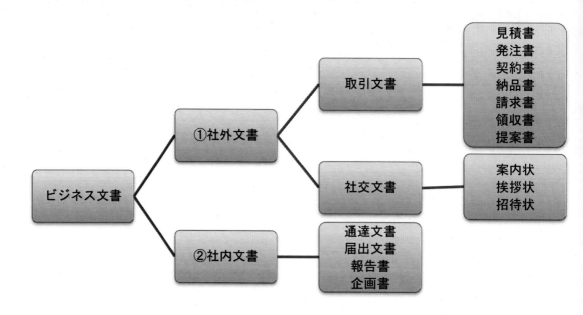

| | ①社外文書 | ②社内文書 |
|---|---|---|
| 役割 | 社外に向けてやり取りする儀礼的な文書や取引文書で相互の信頼関係を築くために使われる | 連絡文書や報告書など、社内における指示・連絡・報告・伝達などに使われる文書のこと |
| 目的 | 相手に敬意を表して、丁寧・正確にこちらの意向を伝え、記録に残すこと | 日常業務を合理的に進め、円滑なコミュニケーションを図ること |
| 特徴 | 組織や会社を代表する文書であるため、会社の評価につながる<br>敬語を適切に使い「正確」「簡潔」「丁寧」であることが求められる | 必要な情報をより速く、正確に、わかりやすさを重視する<br>挨拶や敬語は最小限にする<br>簡潔でわかりやすい文章で作成する<br>社内フォーマットが定められていることが多い<br>頭語や季節の挨拶、締めの文は要らない |
| 種類 | 見積書・発注書・契約書・納品書・請求書・領収書<br>案内状・挨拶状・招待状・提案書　他 | 通達文書・届出文書・報告書・企画書　他 |

長い文章ではなく、「**簡潔でわかりやすい文章**」を心がけましょう。

## 3. ビジネス文書作成時のポイント

① 基本はＡ４版用紙を縦長に使い、横書きにする（挨拶状や案内状は除く）

統一することで、整理や保存がしやすくなる。

② なるべく１枚にまとめる

詳細なデータやグラフなどが必要な場合は、「添付資料」として別にすると良い。

見やすいだけでなく、コピーやファイリングもしやすい。

③ ページ番号を付ける

１枚に収まらない場合は、ページ番号を付ける。

「1/5」「2/5」「3/5」など全体のページ数の何ページ目か表記するとわかりやすい。

# 02 ここで差が付くビジネス文書

## 1．文章力を味方に付けると仕事がスムーズになる

　仕事での場面において、メール・企画書・報告書など文章でコミュニケーションをとる機会が増えています。また、書面のやり取りも多く、文章が苦手だと、仕事に支障をきたしてしまうことも多くあります。「わかりにくい」「主張が見えない」「言葉遣いがおかしい」、などと指摘されては自信もなくなってしまいます。しかし、読み手に伝わる文章を書くことができれば、信頼を得られ、仕事の依頼を受けたり、企画実現に向けて動き出したりと、チャンスに恵まれるはずです。相手の予想よりも、上回る文章を書いてみることで、良い結果を勝ち取ることができます。

## 2．ビジネス文書の5つのルール

　ビジネス文書の書き方のルールを覚えてしまえば、ビジネス文書を書くことは、難しくはありません。

### ①　明確であること

　ビジネス文書で重要なことは、文書作成の目的と読み手の明確化です。これらを明確にしないと、伝えるべき内容と伝える方法を決定することができません。

＜例＞

| 種類 | 目的 | 読み手 |
|---|---|---|
| 社内文書<br>企画書 | 企画の目的を伝え、承認をしてもらう | 役員・上司・全社員 |
| 社外文書<br>提案書 | 提案内容を理解してもらい、依頼を受ける | 顧客・新規のお客様 |

## ② 正確であること

「正確かつ簡潔に伝わる文の構造」になっている。

日時や場所、内容の記載に間違いがないように注意しましょう。

## ③ 読みやすいこと

文頭から文末まで、振り返ることなく流れるように読める文書になっている。

「難解な記述」「複雑な表現」「曖昧な表現」は不要です。

## ④ わかりやすいこと

一度読んだだけで内容がスッと頭に入り、理解しやすい文書になっている。

文章の道筋がしっかりと通っていることが大切です。

## ⑤ 伝わりやすいこと

「結論から先に」「ポイントは箇条書きで」など、工夫をして伝わりやすいように心がける。また、内容ごとに段落分けをし、その「かたまり」の前後に空間を入れると見やすくなります。


■あなたにとって、おすすめの場所を誰かに伝える文章を作ってみましょう

・読み手は誰？　　　　　　　　　　（　　　　　　　　　　　　　　　　）

・何を伝えたい？　　　　　　　　　（　　　　　　　　　　　　　　　　）

・読み手にどう思ってほしい？　　　（　　　　　　　　　　　　　　　　）

・どのように行動してほしい？　　　（　　　　　　　　　　　　　　　　）

内容を整理したら、書いてみましょう。

※参考解答は 72 ページ参照

## ３．差が付くビジネス文書のチェック・リスト

| あなたが書いた文章でチェックしてみましょう。レ点を付けてください | |
|---|---|
| **１．　すばやく伝わる構成になっているか？** | |
| 伝えるべき重要ポイントに落ちはないか？ | |
| 文章の冒頭に主要な段落があるか？ | |
| 文章の目的と無関係で不要な段落はないか？ | |
| **２．　読む気にさせるレイアウトになっているか？** | |
| 改行や空白行で風通しを良くしているか？ | |
| 文章内の「かたまり」を見やすく提示しているか？ | |
| 適当な「かたまり」ごとに見出しを付けているか？ | |
| **３．　説得できる文章か？** | |
| 自分の感情に任せて語調が激しくなっていないか？ | |
| 自分の感情に任せて大げさな表現をしていないか？ | |
| 主張・意見を裏付けるデータや事実を提示したか？ | |
| 読み手の感情に配慮しているか？ | |
| **４．　趣旨がスムーズに伝わるセンテンスになっているか？** | |
| 意味の区切りで読点を打っているか？ | |
| 「〜であるが」などで、センテンスを意味なく引っ張っていないか？ | |
| 何を指しているかが不明な代名詞はないか？ | |
| **５．　なめらかな文章になっているか？** | |
| 丁寧に表現しているか？ | |
| もっと削れる語はないか？ | |

※藤沢晃治著『「分かりやすい文章」の技術　読み手を説得する１８のテクニック』（講談社）の
チェック・リストを基に作成

# 03 文書力を向上させるビジネスライティングスキルのポイント

　「一体いつになったら、資料はまとまりますか？」と催促されないよう提出期限までに書き上げるのも、働くうえで大切なことです。一つの文章、良い文章を書きあげるのに、人の何倍もの時間を使っていては、他に抱えている仕事は止まってしまい、仕事ができない人になってしまいます。

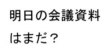

明日の会議資料
はまだ？

わかりにくい
文章だね

　　なぜ、時間がかかってしまうのでしょうか？
　　文書の構成ができていないまま書き始めていませんか？

　そういう人は、良い言葉、綺麗な言葉を見つけようとすることに時間がかかり、本質が見えていません。
　「ビジネス文書」では、「上手い文章」ではなく、「実用的な文章」が求められます。
　他人の目を気にしすぎて、「良い文章を書きたい」という気持ちが強すぎると、時間がかかるばかりか、本題が埋もれてしまいます。

　まずは、たくさん素材集めをしましょう。そして、それらを書き出すことで視覚化され、文章が出来上がっていきます。すなわち、素材集めは「文章を書く」スピードアップにつながります。

　ビジネスライティングスキルとは、ビジネス文書を正しく誰にでもわかる「伝わる文章」を書くことです。

【ライティングスキルアップのポイント】

① 情報収集力が大きな武器になる

必要な情報を集め、資料作成に利用するだけではなく、自身の先入観を修正することもできます。

そのためには、

・テーマに沿った書籍を探す

・インターネットで情報収集をする

・新聞を読む（2種類以上読み比べるのが望ましい）

・詳しい人に聞く

② 主語と述語をわかりやすくする

「誰が」「何だ」がはっきりとわかる文章にします。自分はわかっているからと、途中で主語を省略してしまわず、読み手はほぼ知らないという考えで書き進めなければいけません。

③ 一文書に一用件を原則とする

一つの文書の中に、複数の用件を詰め込むと、相手はスムーズに理解できなくなりかねません。一目で、何の用件の書類なのか分かることが大切です。

④ なるべく専門用語・難語・読めない漢字は使わない

誰が読んでも意味を理解できるライティングをします。

常用漢字でないものは用いず、誰もが知っているだろうという言葉を使います。

固有名詞など使用する場合はふりがなを付け、「」で視覚的に区別するなどの工夫をします。

⑤ 具体的な情報を盛り込む

実際に手に取った感触や、その場にいた感覚など、見た目からは得られない情報を盛り込んで具体性を持たせることで、文章のクオリティがあがります。

「絹のようにさらさらとした…」

「ピリピリと張り詰めた空気の…」などは状況が目に浮かんできませんか？

⑥ 曖昧な表現をしない

複数の解釈ができてしまう言葉や言い回しは、使いません。読み手が「どっちの意味？」と迷ってしまうような、誤解を招く文章は避けなければいけません。

「すごく」や「かなり」などの言葉も人によって感覚が違うので、頼り過ぎないようにしましょう。

## ⑦ 書き続けること

　　文章力を高める秘訣は、とってもシンプルなことです。

　　それは、ひたすら書くということです。

　　書いている最中に、ハッと気付くこともあり、コツが自然と身に付いてきます。

　　どんな分野にでも言えることです。継続は力なり、書き続けることでスキルは付いて
きます。

　毎日少しずつ文章を書きながらライティングのスキルアップができるように取り組んでみ
てください。うまく伝えるためのポイントを意識し、練習を重ねることで、相手に伝わりや
すい文章が書けるようになるでしょう。

# 第 2 章

## 相手を動かす
## ビジネス文章のキホン

~文章を明確にするための必須項目~

# 01 コンパクトな短文を目指そう

## 1.「文」と「文章」と「文書」の違いとは

　似た意味を持つ「文」（読み方：ぶん）と「文章」（読み方：ぶんしょう）と「文書」（読み方：ぶんしょ）の違いについて解説します。

　「文」とは言葉の始まり部分から句点「。」が付くまでの間のこと。
　「文章」とは言葉の始まり部分から句点「。」までの文が二文以上あること。
　「文書」とは文や文章が書かれている書類や書状、書籍など文字で書き記したものの総称のこと。

**【「文」の例】**
　「私は、映画を観るのが好きですが、最近は忙しくて行くことができません。」
　　　　　　　　　　　　　　　　①

**【「文章」の例】**
　「私は、映画を観るのが好きです。けれども、最近は忙しくて行くことができません。」
　　　　　　　　①　　　　　　　　　　　　　　　②

　このように、「文」の集まりが「文章」で、文が複数集まることにより、他者に対して自分の思想や感情を伝えやすくなります。「文書」とは文や文章の書かれている「物」のことを意味し、「書類」や「書面」などが挙げられます。書類という言葉で考えると、わかりやすいです。
　読み手が理解しやすいように一文で伝わりやすい文章を書くには、「一文に一用件」を原則とする必要があります。一つの文で言いたいことは一つにする。つまり、句点（。）が打たれるまでに、一つの情報しか入れないということです。また、改行するなどして、文字だらけの印象を与えないようにします。

　メールでも同じことが言えます。長文になればなるほど、返信するのが億劫になります。「いつもあの人のメールは長い」という印象を持たれてしまうと、開封すら後回しにされてしまいがちです。情報を一つにすることで、脳への負担が減り、パッと理解できるようになります。
　文章を明確にするためには、「文」をわかりやすくする必要があります。
　短く、正確な情報を、具体的に伝えるコツがわかると、どんな文章にも応用が利きます。

## ２．８秒以内で理解できる内容に

今、社会的に問題になっているのが、**"集中力の低下"** です。

現代人の集中力は８秒程度しか持続しないそうです（2015 年、マイクロソフト社調べ）。

鮮度が命のニュース記事の文字数は、500〜600 字。平均的な人で１秒に 10 文字、８秒では、80 文字ほど読めるため、１分でサクッと読めるように書かれています。ニュース記事を読む際は、興味があるものを選んで、「読む」という姿勢で見ます。

しかし、ビジネスで読まれる文章は、仕事の一環で読むものであり、短時間で理解できるものでないと、読み流されてしまいます。

ですので、１文の文字数の目安は、40〜50 字程度にすると良いでしょう。

さらに言うと、集中力を切らさないで読み進めていくためには、１文を短くするだけではなく、メリハリを付けます。テンポよく短文を連結させ、理解しながら読み進めることで、誤解も起こりにくくなります。

### 読みにくい文章（146 字）

> 日本全国に存在する、古くからの伝統工芸は、受け継ぐもの作り職人たちの丹念な手作業によって守られている。（51 字）
> 技を身に付けるには、相当の根気と覚悟がいるが、日本各地には、自分にしかできないもの作りを極めるために、ひたむきに働き、技術を後世に残そうと、まっすぐに目の前の仕事に取り組む職人たちがいる。（95 字）

### 読みやすくした文章（155 字）

> 日本全国に存在する、古くからの伝統工芸。（20 字）
> これらは、受け継ぐもの作り職人たちの丹念な手作業によって守られている。（35 字）
> 技を身に付けるには、相当の根気と覚悟が必要だ。（23 字）
> しかし、日本各地には、自分にしかできないもの作りを極めるために、ひたむきに働く職人がいる。（46 字）
> 技術を後世に残そうと、まっすぐに目の前の仕事に取り組んでいる。（31 字）

# 02 「結論」から書かないと時間泥棒になる？

## 1．ビジネス文書は「結論」が先

日本の教育では、「起承転結」を教えられますが、これは漢詩の構成を指しています。

**「起」　＝　設定の説明**
**「承」　＝　物語の始まり**
**「転」　＝　逆転又は事件が起こる**
**「結」　＝　その結果**

小説を書くなら良いですが、ビジネスで読まれる文章には適していません。

ビジネスでは、伝えたいことを「**結論→理由→具体例**」の順番で書くことが求められています。なぜなら、結論から先に書かない文章は、相手の忙しい時間を奪ってしまう「時間泥棒」になりかねないからです。

興味のない文書でも読まなければいけない状況の中で、最後まで読み進めないと何が言いたいのかわからない。これでは、相手の貴重な時間を奪うだけでなく、印象も悪くしてしまいます。

冒頭の結論で興味や関心が沸き、読み進めていくうちに、理解や納得ができるようになれば、良い文章といえるでしょう。

まずは「結論を書く」と決めておけば、一から工夫して書く必要もなくなり、自分の負担も減り、書きやすくなります。また、読み手も内容の道筋ができ、読みやすくなります。

ビジネスでの良い文章とは、まず「結論」を書き、続いて「理由」あるいは「根拠」。そして、具体例を入れるとイメージしやすくなります。

次の文章は「結論」が先に書かれていません。読みやすさはどうですか?

【原文】

> 昨年開催したイベントは、期間中の売り上げが通常の30%アップし、最後の週末は、家族連れが多く訪れ、1時間以上待ちとなりました。来店記念グッズも売り切れが続出しました。
> 好評だったので、今年も昨年同様のイベントを開催します。

【修正文】

> ① 結　論　　昨年同様、今年もイベントを開催します。
>
> ② 理　由　　とても好評で、開催期間中は、通常の売り上げの30%アップでした。
>
> ③ 具体例　　最後の週末は、家族連れが多く訪れ、1時間以上待ちとなりました。来店記念グッズも売り切れが続出しました。

## 2．複数の情報は列挙する

　伝えるべき情報が複数あるときは、どのような書き方をすれば良いでしょうか。

　この場合は、列挙するとわかりやすくなります。冒頭でどんなテーマなのか、いくつの情報があるのかを先に伝えます。

　例えば「3つのお願いがあります」「変更が3点あります」「5つの注意点」などです。
　また、内容に合わせて最適な接続詞を選びましょう。
　・「第一に」→「第二に」→「第三に」
　・「始めに / 最初に」→「続いて」→「最後に」
　・「まず」→「つぎに」→「さらに / そして」

メモでも列挙型にする

**【原文】**

明日の会議について、会場および開始時間と配布資料の変更をお願いします。

**【修正文】**

△△様

明日の会議について3点変更をお願いいたします。

1. 会場
2. 開始時間
3. 配布資料

お手数をおかけしますがよろしくお願いいたします。

以上

□□部　△△△

　列挙する項目は、種類別にして、読み手が受け取りやすいようにします。イメージは、引き出しの中身を、一段目・二段目・三段目と種類分けして収納したほうが、探しやすいのと同じです。情報も種類別にすることで、読み手がストレスなく理解できるようになります。

　次の文章で比較してみましょう。

**【列挙していない文章】**

集中力とは、周りの状況にまどわされず、やるべきことに意識が向く状態をいいます。集中力を高める方法として、深呼吸があります。

まずは、イスに腰掛けます。その状態で肩をギュッとあげ、ストンと脱力。その後、膝の上に両手を置き、手のひらを上に向けます。次に、軽く目を閉じ、鼻で5秒間、大きく息を吸い込みます。次は3秒間、息を止めます。そして、イヤな気持ちや体の中の汚れた空気を吐き出すイメージで8秒かけてゆっくり吐き出します。

**【列挙型にした文章】**

集中力とは、周りの状況にまどわされず、やるべきことに意識が向く状態をいいます。集中力を高める方法として、深呼吸があります。

3つのポイントを押さえてやってみましょう。

1. まずは、イスに腰掛けます。その状態で肩をギュッとあげ、ストンと脱力。その後、膝の上に両手を置き、手のひらを上に向けます。
2. 次に、軽く目を閉じ、鼻で5秒間、大きく息を吸い込みます。そして3秒間、息を止めます。
3. 最後に、8秒かけてゆっくり吐き出します。このとき、イヤな気持ちや体の中の汚れた空気を吐き出すイメージで。

　　　　　※森健次朗著『机に向かってすぐに集中する技術』（フォレスト出版）を基に作成

　このようにポイントを順番で列挙すれば、読み手が見落とすリスクが少なくなります。

書き手も、悩まずに端的に書くことができます。

# 03 「具体的に」とは "数値" と "固有名詞" を入れること

## 1. 「具体的に書く」を意識する

　相手に事実をしっかりと伝えるために、「具体的に伝える」という方法があります。

　どのくらい進んでいるのか、どれくらい成果があるのか、数字や他のものに例えて表現すると、わかりやすくなります。

　文章でも、具体的に書く作業を取り入れれば、読み手の理解度が高まり、興味を引かれます。具体的に書くとは、抽象的な言葉や表現を "数値" や "固有名詞" に置き換えれば良いのです。

---

× 明日のプレゼンの資料を<u>参加する人数分</u>、コピーしておいてください。

○ 明日のプレゼンの資料を<u>参加者 20 人分</u>、コピーしておいてください。

---

× <u>アジア 7 か国</u>で人気の日本のコンテンツ

○ <u>中国・韓国・タイ・マレーシア・インドネシア・ベトナム・インドのアジア 7 か国</u>で人気の日本のコンテンツ

---

　「書かなくてもわかるだろう」「シンプルにかっこ良くしよう」と思うのではなく、読む人の立場に立って**情報は具体的**に入れます。


例えば
・「より多くの」ではなく「**2 倍**」や「**3 倍**」、「**1000 個**」
・「大きい」ではなく、「**10 ㎝以上**」や「**握りこぶし大の大きさ**」
・日間賀島への「高速船」は「**名鉄海上観光船**」としたほうがわかりやすい


また、数字が大きくなるとイメージしにくくなるので、別のものに言い換えます。
・「40 ㎝」は「**500ml ペットボトル約 2 本分の高さ**」
・「20m」は「**マンションの 6〜7 階の高さ**」「**テニスコートの長辺（23.77m）**」

## ２．気を付けるべき「固有名詞」

　一般名詞と固有名詞を区別して使わないといけない場合があります。一般名詞は、目で見て形のある一般的な物事の名前を表します。固有名詞は、一つだけのもの、地名や商品名など、そのものだけに付けられた名前を表します。

　固有名詞を使う際は、特定の商品を宣伝したり、主観が混ざったりしないようにしなければいけません。なぜなら固有名詞には必ずイメージが付いていて、商標権がある場合があるからです。

　例えば、お菓子の銘柄は、食品メーカーが商標登録している固有名詞のため「スナック菓子」や「チョコ菓子」などの書き方にしなければいけません。インスタント食品も、商品が絞り込めない「カップ麺」と書きます。

### (1)間違われやすい固有名詞

　・PC 機器のソフトウエアやアプリにも固有名詞が多くある

　・美容やファッションでは、メーカーやブランド名、アイテム名など、すべてが固有名詞

### (2)会社名や商品名の間違いは、致命的なミスになる

・「株式会社」は社名の前？後？

・社名変更していないか

・ひらがな表記なのか、カタカナ表記なのか

・英語表記の場合、一文字目は大文字？小文字？

・「鉄工所」「鐵工所」どっち？社名に旧字体を使っていないか

相手を不快な思いにさせないよう、事前にしっかり調べておきましょう。

# 第 3 章

# 人を惹きつける
# 文書の作り方

## 〜文章が上手くなるテクニック〜

# 01 伝えたい内容を明確にする

## 1. 読み手をイメージする

　読み手を想像し、イメージを膨らませながら書くと、伝えたい内容を明確にすることができます。「何を書くか」と悩む前に「誰に書くか」を決めます。そうすることで、何をどんな形式で書くかが決まります。

　企画書なら、担当者や窓口となってくれる人ではなく、決定権を持つ人に向けて書かなければいけません。セミナーなどのレポートなら、出席を促してくれた上司や同じ部署の人に向けて書きます。

　文章を書く相手が決まったら、次はどんな反応をしてくれるかを考えます。理想的な反応をイメージして書きながら、自分勝手な文章にならないようにします。「売りたい」「採用して」という気持ちが相手に露骨に伝わってしまうものでは良くありません。
　どう伝えるか？という自分が主役の考え方ではなく、どう伝わるか？という相手が主役の思考で文章にします。

　企画書のタイトルを見た瞬間に、「続きが知りたい」「どんな企画だろう」と興味を持ち、読み終えたときに、「素晴らしい企画だ！進めてほしい」と読み手の気持ちや行動が変化するのが、理想のゴールです。

　具体的に視覚化できる ＝ 読み手はメッセージの理解が深まる

　文章を読み終えた後の読み手の行動をリアルに思い浮かべることができたら、文章の質は格段に上がるはずです。

## ２．目的を達成できる文章とは？

　「提案を採用してほしい」という目的の企画書には、実施すると「役に立つ」「利益になる」「成長する」などの、読み手にとってメリットのある情報を書きます。


　例えば、
・売り上げが伸び悩んで困っていたら、解決策の提案や、他社での成功例を紹介し「利益になる」情報を提案する。

・新商品の開発に向けてアイデアを伝えたいなら、実体験や、リサーチ結果、市場ニーズといった「役に立つ情報」を提供する。

・取引先拡大に向けた提案をするなら、人材育成の大切さや、技術取得講習会などの必要性を訴え「成長する」要素を伝える。

　このように相手に寄り添った、ためになる情報が書かれていると、読み手は興味を示すはずです。

　企画書や提案書などは、書いた目的を達成することが使命です。それには、伝えたいことを相手に受け入れてもらうことが必要です。まず、誰に書くかという"ターゲット"を決め、次に、反応をイメージし、最後は、"理想のゴール"を設定することが大切です。

（例）
片付けが苦手な人

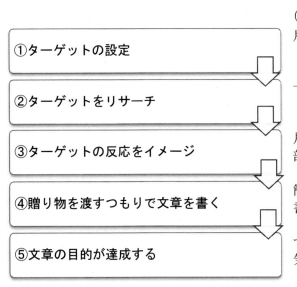

①ターゲットの設定

②ターゲットをリサーチ

一人暮らしの部屋がぐちゃぐちゃ

③ターゲットの反応をイメージ

片付けのコツがわかり、整理整頓された部屋は気持ち良いと思ってほしい

④贈り物を渡すつもりで文章を書く

簡単にできる片付け入門編を箇条書きで書いて、心得も添える

⑤文章の目的が達成する

すぐに片付けを始めて、部屋の掃除をする気持ち良さを実感する

　ターゲット（読み手）が喜ぶ贈り物（文章）を渡すために、相手が知りたいことを書く必要があります。直接聞ける場合は良いですが、そうでないときは、書籍やインターネット、新聞、または、詳しい人に聞くなど、積極的に情報をキャッチすることも大切です。

　せっかく準備をしても、相手が欲しいものを選ばないと喜んでもらえません。甘いものが苦手な人に、ホールケーキを届けても困ってしまいます。

　相手をリサーチして、何を贈れば喜んでくれるかイメージして、努力は惜しまず文章を書きましょう。

■ターゲットを設定し、文章を作ってみましょう。

①ターゲットの設定　　　　　　　　　　（　　　　　　　　　　　　　　　　）

②ターゲットをリサーチ　　　　　　　　（　　　　　　　　　　　　　　　　）

③ターゲットの反応をイメージ　　　　　（　　　　　　　　　　　　　　　　）

④贈り物を渡すつもりで文章を書く

⑤文章の目的が達成する

内容を整理したら、書いてみましょう。

# 02 記載事項は正確にする

## ◆ 5W3Hで表します

　具体的にわかりやすく書くためには、5W3H を使います。

　特に「納期」「場所」「値段」などは間違いがあっては現場が混乱してしまいます。重要な情報は、一目でわかるようにします。

（例）

× なるべく早く　　　　→　　　○ △月△日△時までに

× 明日の午前中に　　　→　　　○ 明日の正午までに

　ビジネス文書で、曖昧な表現は避けなければいけません。なぜなら、人によって受け止め方が違うからです。正確に伝わるよう数字で表現できるところは、具体的な数値で書きます。

**伝えなければいけない必須項目は5W3H**

| When（いつ） | 発信日、実施日、期限、期間、開催日時、決済日など |
|---|---|
| Where（どこで） | 会場住所、集合場所など |
| Who（誰が） | 発信者名、対象者名など（責任の所在や対象は明確に） |
| What（何を） | 件名、タイトルなど |
| Why（なぜ） | 目的、根拠、方針など（書き手の意図が伝わるように） |
| How（どのように） | 状況説明、経緯、これからの行動など |
| How much （いくら） | 予算、見積り、経費、費用など |
| How many（いくつ） | 注文数、必要数、販売数、生産量、在庫など |

　次のような文章は不明瞭です。

新商品の概要を今週中に教えてください。

発売したばかりの商品のことかな？
金曜日まででいいのかな？

メール送信者

メール受信者

# 03 読みやすい文章と読みにくい文章

## 1．スラッと読める文章

　読みやすい文章とは、引っ掛かりがなく、最後まで流れるように読める文章です。さらに、結論が明確であり、理由や原因がわかりやすいこと。大切なのは文章の構成です。

　タイトルだけを見て面白そうと思った記事を、結局、最後まで読まなかった経験はないですか？読み進めていくうちに、「面倒になった」「何が言いたいのかわからなくなった」などの理由から、途中で読むことをあきらめたことはありませんか？

　その原因は、文章の書き方にあります。並べ方の工夫次第で、スラッと読める文章になります。

### 【文章作成において大切なこと】

　①違和感のある文法や言葉遣いをしない

　②ダラダラとくどい表現を並べない

　③すべての情報を詰め込もうとして、長文にしない

　④構成を考えず、思いのまま書きつらねない

　⑤難解な記述を使わない

ＮＧ例）

> 本日の営業時間は非常に勢力が強い台風が本州付近に近づいてきているので、早めます。通常は午前10時より午後8時ですが、午前10時より午後5時にします。

　この文章は、読点も少なく、同じような表現を使っていて、くどい文章です。
　また、時間表記もわかりにくいです。

改善例）

> 本日の営業時間を短縮します。閉店時間20時➡17時に変更。
> 大型の台風が接近中のため。

　変更なのは、閉店時間だけなので、開店時間を書く必要はありません。早めに閉店することを伝えなければいけなので、最初に書くようにします。

## ２．文章に求められるもの

文章といっても様々な性質があります。

試験問題は、本文の要旨を読み取り、筆者の意図を理解して、文章を読み解いていかなくてはいけません。要旨とは、述べようとする内容の主要な点をまとめたもので、文章の最初に書かれています。

小説は、難しい言い回しや、表現を使って読者の想像力をかき立て、情景を頭に描けるよう書かれています。

ビジネス文書は、相手が想像しながら読むものではないので、難しい表現や、一般的でない言葉は使用しません。

また、曖昧な表現ばかりだと、何が言いたいのかわからず、文章としての価値は低くなります。

理解しづらい文章）

> 気候変動問題という喫緊の課題に対して、世界全体で取り組まなければならない。わが社では、通勤には環境負荷の低い公共交通機関や徒歩・自転車の利用を奨励している。また、社員証を所持していれば通勤バスの利用も可能である。

この文章には「喫緊」「負荷」「所持」という言葉が使われていますが、同じようなことを理解しやすい言葉に置き換えると次のようになります。

改善した文章）

> 気候変動問題という、差し迫って重要な課題に対して、世界全体で取り組まなければならない。わが社では、通勤時は環境になるべく負担をかけない公共交通機関や徒歩、自転車の利用を呼びかけている。
> また、社員証を持っていれば通勤バスの利用も可能である。

難しい言葉や表現を、同じような意味合いの言葉に置き換えるとき、思い付かなければ、類語辞典などを活用すると良いでしょう。他に適切な言葉があるのに、あえて難しい言葉を使うのは、良くありません。読み方も調べないとわからない言葉は、相手に誤解を与え業務も滞り、混乱を招いてしまいます。

相手に配慮することは、コミュニケーションの基本です。読み手が読みやすいと感じる文章を心がけましょう。

# 04 事実と意見を書き分ける

## ◆ 根拠のある文章なら納得できる

　「この商品は売れない」と、断言された文章を読んだとして、根拠が記されていなければ「なぜなのだろう」と思います。

　これは、個人的な意見で感想だからです。誰もが納得するように書かなければいけません。

　「他社で安くて、高性能なものが発売された」という事実が書かれていれば、納得して、商品開発に再度取り組まなければいけないことがわかります。

　文章を書くときに「事実」と「意見」は、分けて書かなければいけません。

●事実は、調査や実験によって確認できたもの

　　　「〜である」「〜です」「〜だ」

●意見は、自分の判断や考え

　　　「〜だろう」「〜と思われる」「〜と考えます」

文末で区別が付くように書きます。

**文章例）**

　他社で安くて、高性能なものが発売されたから、この商品は売れない。

**改善例）**

　［意見］：この商品は、このままでは売れないと**思われます。**

　［事実］：なぜなら、Ｇ社が、類似品でより安くて高性能な商品を発売したから**です。**

　［意見］：このままでは、ヒットさせるのは難しいと**思われます。**

　［提案］：再度開発に取り組むべきだと**考えます。**

　このように、事実は事実、意見は意見として、それぞれ明確に分けて書くことによって読む人が理解・納得しやすい文章になります。

# 第 4 章

## 文法の基本を知れば
## 怖くない

~能力・資質が判断される「基本の文法をおさえた文章」を書く~

# 01 主語と述語を近づける

## 1．「誰がどうする」をわかりやすく

（１）主語と述語

　主語と述語の使い方、関係性を押さえることで文章の意味がわかりやすくなります。

| 主語 | 述語 |
|---|---|
| 文の主題や動作の主体を表す | 主語について説明する役割がある |
| 【　何が　】 | 【　どうする　】 |
| 【　～は　】 | 【　どんなだ　】 |
| 【　～も　】 | 【　なんだ　】 |
| | 【　ある　いる　ない　】 |

（２）主語と述語を近づける

　正確な情報を、わかりやすく伝えるためには主語と述語を近づけることを意識しましょう。

改善前）

・**私**は、一緒に寝ている猫に起こされて毎朝７時に**起きます**。
（**主語**）　　　　　　　　　　　　　　　　　　　　（**述語**）

改善後）

・**私**は、毎朝７時に**起きます**。一緒に寝ている猫に起こされます。
（**主語**）　　　　　　（**述語**）

　述語は文末が原則ですが、「誰がどうしたのか」を伝えてから、その他の情報を入れても良いです。

改善前）

・**僕**は、リニューアルオープンする大型店で、セールチラシが配られる話を聞いたと
（**主語**）
いう人を**知っている**。
（**述語**）

改善後）

・リニューアルオープンする大型店でセールチラシが配られるという話を聞いた人を、
**僕**は**知っている**。
（**主語**）（**述語**）

「僕」が聞いた話かと思って読んでいくと、聞いた人を知っている話で「な～んだ」となります。主語と述語が離れすぎているので誤解されます。

この場合、主語を後ろに持っていき、述語に近づけると意味がわかりやすくなります。

「わかりやすい＝読み手に負担をかけない」

## 2．主語を省略しない

「日本語は、主語を省略できる」とよく言われますが、文章を書いているとき、読み手を意識しないで文章を書き進めてしまうと、主語を省略しすぎてしまい、意味がわからない文章になってしまうこともあります。

例えば
「昨日、外食に行ったらしい。」

この文章は、主語がなく、「誰が？」と言いたくなります。主語がないと正しく伝わりません。読み手が想像しなければ、内容がわからない文章では意味がありません。

主語を入れた文章は、
「**部長は**、昨日、外食に行ったらしい。」
「**部長は**」と入れるだけで、伝わりやすくなります。

　文の途中で、主語を省略してしまうケースもあります。

**主語を省略した例）**

> Ａ主任はお客様の接客にあたっています。操作の仕方がわからないとのことで来店されました。
> ご夫婦で一緒に、真剣に聞いてくださっています。図などを使って詳しく説明をしています。

**改善例）**

> Ａ主任はお客様の接客にあたっています。お客様は、操作の仕方がわからないとのことで来店されました。ご夫婦で一緒に、真剣に聞いてくださっています。
> Ａ主任は、図などを使って詳しく説明をしています。

　主語は、相手がわかっているだろうと思い、無意識に省略してしまいがちです。読み直しをして、主語がなくても意味が通じるか、相手に伝わるかを確認しましょう。

# 02 文章全体をコントロールしている接続詞

## 1.「接続詞」で文章にリズムが出る

　「接続詞」は、前後の文をつなぐ自立語です。タイミング良く、適切な「接続詞」が使われた文章は、読みやすい文章です。文と文をつなぐ役割のある「接続詞」は、次の文への案内人でもあります。

　うまい案内人にエスコートしてもらいながら、文をリズムよく読み進めることができればスラッと読める「うまい文章」になります。

【接続詞の一例】

| 順接 | 原因・理由を示す内容が前にあり、後ろに結果・結論が続く<br>【遅れそうです。だから急いでください。】 | だから、それで、そこで<br>すると、ゆえに、したがって<br>など |
|---|---|---|
| 逆接 | 後ろに予想外の結果や展開が続く<br>前の内容と反対となる内容<br>【車が欲しい。だが、お金がない。】 | しかし、だが、けれども<br>ところが、しかしながら<br>それなのに　など |
| 添加 | 前の内容に他の内容を付け加える<br>【毎月節約に励んだ。そしてついに車を購入した。】 | そして、それに、しかも、そのうえ、加えて、それどころか　など |
| 並列 | 前後の内容が並ぶような関係になる<br>【彼は優秀な社員であり、また、小説家でもある。】 | また、ならびに、および、かつ<br>など |
| 説明 | 前の内容についての説明<br>【必ず復唱確認をしよう。なぜならミスを防ぐため。】 | なぜなら、というのは、だって<br>など |
| 補足 | 後ろに補足が続く<br>【買い物は自由です。ただし金銭管理はすること。】 | ちなみに、なお、もっとも<br>ただし　など |
| 対比 | 前後の内容が対比関係にある<br>【兄は社交的であるが、それに対し弟は内向的である。】 | それに対して、反対に、むしろ、反面、一方、他方、逆に　など |
| 選択 | 前後のどちらかを選ばせるような内容が続く<br>【電話またはメールにしてください。】 | あるいは、それとも、または、もしくは、ないしは　など |
| 転換 | 後ろに話題・状況を変える内容が続く<br>【今日は天気がいいね。ところで試合はどうだった？】 | ところで、さて、では、ときに、次に、それでは、そういえばなど |
| 例示 | 前の内容についての例を示す<br>【愛知のお土産といえば、例えば、濃厚なつゆの「味噌煮込みうどん」です。】 | 例えば、いわば　など |
| 結論 | 前の内容について結論を述べている<br>【新機種の携帯電話が欲しいが、出かける暇がない。ともあれしばらく今の携帯電話で我慢しよう。】 | 以上のように、いずれにしても<br>ともあれ　など |

接続詞に続く文を作ってみましょう。

【問題1】

いい天気です。

だから、　　　　　＿＿＿＿＿＿＿＿＿＿＿＿＿＿＿＿＿＿＿

けれども、　　　　＿＿＿＿＿＿＿＿＿＿＿＿＿＿＿＿＿＿＿

だからといって、　＿＿＿＿＿＿＿＿＿＿＿＿＿＿＿＿＿＿＿

結局、　　　　　　＿＿＿＿＿＿＿＿＿＿＿＿＿＿＿＿＿＿＿

ちなみに、　　　　＿＿＿＿＿＿＿＿＿＿＿＿＿＿＿＿＿＿＿

（例）

いい天気です。

だから、　　　　　ドライブに出かけます。

けれども、　　　　夕方から予定があるので遠出ができません。

だからといって、　出かけないのも退屈です。

結局、　　　　　　近場のボーリング場に行きました。

ちなみに、　　　　人生で最高得点がでたので、嬉しかったです。

【問題2】

今日は、社員食堂で、日替わりランチを食べようと決めていた。

しかし、　　　　　＿＿＿＿＿＿＿＿＿＿＿＿＿＿＿＿＿＿＿

それに、　　　　　＿＿＿＿＿＿＿＿＿＿＿＿＿＿＿＿＿＿＿

というわけで、　　＿＿＿＿＿＿＿＿＿＿＿＿＿＿＿＿＿＿＿

※模範解答は74ページ参照

※山口拓朗著『文章が劇的にウマくなる「接続詞」』（明日香出版社）参照

（　　　　　）に接続詞を入れ続く文を作ってみましょう。上から書いていき、つながる文章にします。

【問題3】

【　新しく販売される携帯電話が欲しい。　】

（　　　　　　　）＿＿＿＿＿＿＿＿＿＿＿＿＿＿＿＿＿＿＿＿＿＿＿＿

（　　　　　　　）＿＿＿＿＿＿＿＿＿＿＿＿＿＿＿＿＿＿＿＿＿＿＿＿

（　　　　　　　）＿＿＿＿＿＿＿＿＿＿＿＿＿＿＿＿＿＿＿＿＿＿＿＿

※模範解答は 74 ページ参照

## 2.「接続詞」で文章の流れをつかむ

　第2章（p.22）で述べた通り、ビジネス文書は「結論」が先です。内容によっては、「結論」の部分が「主張・提案」になるでしょう。これらの文章を書くとき、決まった接続詞を使えばスピーディーに書き進めることができます。

■冒頭が「結論」の場合

①　～です　　　　　［結論］

②なぜなら　　　　　［理由］

③例えば　　　　　　［具体例］

④だから　　　　　　［再度結論］

■冒頭が「提案」の場合

①～いかがですか　　［提案］

②なぜなら　　　　　［理由］

③例えば　　　　　　［具体例］

④しかし　　　　　　［反対意見］

⑤結果　　　　　　　［再度提案］

　「結論」を最初に書いたら、「なぜなら」をつけて、理由を書く。そして、「例えば」を付けて具体例を書く。というように、文章の流れを接続詞とセットで考えれば、道筋も自然とできて、読みやすい文章になります。

## 3.「接続詞」で対比させる

　説得力のある文章にするために、具体例や根拠を入れますが、対比を入れるのも効果的です。比べることで、想像しやすくなり、納得もできます。
　「一方で」とは、［もう一つの側面では］の意味で使います。

> 　Ａ商品は、昨年の２倍売れました。一方でＢ商品は、ほとんど売れませんでした。

> 　日本で作られているお米は"ジャポニカ種"といわれ、中粒もしくは短粒で、粘り気が強いのが特徴です。
> 　一方、タイ米は"インディカ種"という品種で、米粒は細長く、粘り気は少ないです。パサパサとしている食感が特徴です。

　「これに対して」とは、［前と後ろの内容を対比すると］の意味で使います。

> 　お客様の意向はＡです。これに対して私の考えはＢです。

> 　インドカレーは、野菜ベースに多種類のスパイスを混ぜて作られており、汁気が多くサラッとしています。
> 　これに対して、日本のカレーは肉と野菜のうまみに油と小麦粉が入りとろっとしています。

## 4. 冒頭のフレーズ

　「結論を言うと」と書けば『今から結論を言います』と解釈、「単刀直入に言うと」と書けば『理由は置いといて、結論を言うと』となり、読み手は読む準備ができます。

　回りくどい前置きは、時には、読み手をイライラさせてしまうことがあります。これらのフレーズを効果的に使い、相手に熱意を伝えましょう。

・結論を言うと、今年で最後の開催になりました。
・単刀直入に言うと、ご提案の内容は受け入れられない。
・本音を言うと、もっと値下げをしてほしい。

## ５．ひらがなで書くとよい接続詞

次のような接続詞は、原則として、ひらがなで書きます。

| 原則、ひらがなで書く |
| --- |
| 或いは　→　あるいは |
| 且つ　　→　かつ |
| 従って　→　したがって |
| 但し　　→　ただし |
| 尚　　　→　なお |
| 又　　　→　また |
| 故に　　→　ゆえに |

# 03 「てにをは」の正しい使い方

　良い文章、わかりやすい文章を書くために**言葉と言葉をつなぐ助詞**「て」「に」「を」「は」の使い方は大切です。「てにをは」の1文字違うだけで相手への伝わり方、印象が変わってしまうことがあります。

## 1.「で」と「を」の使い分け

　「で」は、場所や手段を示す時に使います。そのため、自分の意思を表現するには弱いです。「を」は、自分の意思を明確に積極的に伝えることができます。

(聞き手)
「お飲み物は、コーヒーか紅茶どちらになさいますか?」

①「紅茶<u>で</u>お願いします。」
②「紅茶<u>を</u>お願いします。」

　①の「紅茶<u>で</u>お願いします。」は、「本当は他に欲しい飲み物があるけれども、とりあえず紅茶で」といった印象を受けます。

　②の「紅茶<u>を</u>お願いします。」は、「他の飲み物ではなく、紅茶が欲しいです」という気持ちが伝わり、相手にも誤解なく伝わります。

## 2.「に」と「と」の使い分け

　目上の人か、対等の立場かで使い方が異なります。

①「社長<u>に</u>お会いしました。」
②「社長<u>と</u>お会いしました。」

①「社長<u>に</u>お会いしました。」は、相手が格上という性質があります。
②「社長<u>と</u>お会いしました。」は、相手と対等の立場という性質があります。

些細なことに思われがちですが、使い方を誤るとニュアンスが変わってしまうので、慎重に使いましょう。

## 3.「に」と「へ」の使い分け

「に」は、目的地、到達点を示す時に使います。
「へ」は、方向や経路を示し、「に」より広い範囲を示す時に使います。

　①「彼の自宅に訪問する。」
　②「彼の自宅へ訪問する。」

　①の「彼の自宅に訪問する。」は、移動の到着点や目的を示しています。

　②の「彼の自宅へ訪問する。」は、彼の自宅を方向として示しています。また、目的を彼の自宅と明確に定めたうえで、そこを訪問したいというニュアンスが伝わります。

　正確に伝えるためにはこのような「てにをは」の選び方が重要になってきます。

## 4.「より」と「から」の使い分け

　「より」には、〈比較〉があります。
　「から」には、〈時間・場所の起点〉がありますが、「比較」の働きはありません。
　(起点の「より」も間違いではないですが、「公用文作成要領」では「より」は、比較を示す場合にだけ用いるとされています。)

　①「ごはん**より**、パンの方が好き。」
　②「名古屋**から**、東京に向かう。」

　①の「ごはん**より**、パンの方が好き。」は、どちらが好きですか？と比較するときに使います。

　②の「名古屋**から**、東京に向かう。」は、場所や時間の起点を示す時に使います。

【問題】どちらが正しい伝え方でしょうか？
　①「会議を、14時より行います。」
　②「会議を、14時から行います。」

※解答と解説は 75 ページ参照

4

文法の基本を知れば怖くない

## ５．「は」と「が」の使い分け

「は」は、誰もが知っている情報を示す時に使います。
「が」は、誰も知らない新しい情報を示す時に使います。

①「Ａ店舗の売り上げ**は**とても良い。」
②「Ａ店舗の売り上げ**が**とても良い。」

①「Ａ店舗の売り上げ**は**とても良い。」は、誰もが知っている情報です。
②「Ａ店舗の売り上げ**が**とても良い。」は、聞き手にとって新しい情報です。

③「私**は**経営者です。」
④「私**が**経営者です。」

③「私**は**経営者です。」は、「経営者」に重点を置いています。
④「私**が**経営者です。」は、「私」に重点を置いています。

## ６．「補足型」と「対比型」の使い分け

会社内で周知の事実を話題にして、分析などする場合は、前文を補足する内容を後文に述べる「補足型」の「なぜなら」「というのは」「だって」「なお」「ちなみに」などを使用します。

「Ａ店舗の売り上げはとても好調です。なぜなら人気ブランドが出店しているからです。」

Ｂ店舗と比較する場合は、「対比型」の「一方」「それに対して」「反対に」「むしろ」などを使って表現します。

「Ａ店舗の売り上げは前年度の1.5倍です。一方Ｂ店舗の売り上げは伸び悩んでいます。」

ぜひ（p.39「接続詞の一例」を）文章を書く際の参考にしてください。

# 04 「の」の連続使用に注意

## ◆ 助詞の連続使用は幼稚な印象

　同じ助詞（の、が、は、に、を）などが、一つの文章に何度も出てくると、読みにくいだけでなく、幼稚な印象を与えてしまいます。

原文）

> A営業所**の**隣**の**飲食店**の**ランチは大人気です。

修正文）

> A営業所に隣接する、飲食店**の**ランチは大人気です。

　「の」が3回入っている文章は、単調で、言葉を「の」でつなげただけなので、内容が頭に入りにくく間延びした印象を与えます。別の言葉に置き換えたり、読点（、）を入れたりして伝わりやすくしましょう。

【問題1】

■次の文章は、同じことばや似た表現が繰り返され、くどい印象があります。省略したり、削ったり、別のことばに置き換えたりして、スマートな文章にしましょう。また、敬語表現も工夫しましょう。

> 会社の上司の田中さんの机の上には『ビジネス文書の書き方』の本があり、田中さんは、いつもとても熱心に見ています。書類作成で困ったときに、田中さんに相談に行っても、書類に目を通しながら的確に教えてくれます。

※解答例は75ページ参照

【ヒント】

　順番を入れ替える、言い回しを工夫する、などして助詞の連続使用を減らしましょう。そうすることで、くどさがなくなり、内容がわかりやすくなります。

# 05 「たり」は反復して使うのが原則

## 1．並列助詞（並立助詞）「〜たり」

並列助詞（並立助詞）の「〜たり」は、前後の内容が同類で並列の関係であることを表す言葉です。反復して使うのが原則です。

原文）

> 今年のイベントでは、グッズ販売を**したり**、撮影コーナーを作って、飲食コーナーを設置したいです。

修正文）

> 今年のイベントでは、グッズ販売を**したり**、撮影コーナーを作っ**たり**、飲食ブースを設置し**たり**する予定です。

今年のイベントで行いたいものは「グッズ販売」「撮影コーナー作り」「飲食ブースの設置」です。つまり、これらは並列関係にあるので「〜たり」を反復して使います。

長い文章になると抜け落ちやすくなるので気を付けましょう。
他にも「〜とか、〜とか」「〜や、〜や」「〜やら、〜やら」というパターンもあります。

原文）

> 休日は、読書**とか**散歩、カフェ巡りをしています。

修正文）

> 休日は、読書**とか**散歩**とか**、カフェ巡り**とか**をしています。
> 休日は、読書や散歩、カフェ巡りなどをしています。

> 私の夢は、英語をマスターして、アメリカ**や**、オーストラリア**や**シンガポールで仕事をすることです。
> 私の夢は、英語をマスターして、アメリカ**や**オーストラリア、シンガポールで仕事をすることです。

文章には、さまざまな表現があります。「誰に書くか」「読みやすいか」など、これまでに学んだポイントを参考に工夫しましょう。

## ＜演習＞

次の文章には、それぞれ不適切な箇所がいくつか含まれています。それらを訂正して、全文を書き直しなさい。

### 【問題1】

私の趣味は本を読んだり、音楽を聴いたり、野球やボーリングなどのスポーツをすることだ。特に休日にたくさんの友人と楽しめることはこれ以上ない喜びだ。

### 【問題2】

今日の講師は東京よりお越しくださいました。各地で講演をされ、ユーモアのある語り口で人気の方です。教育や健康と子育てについての話をしていただく予定です。

※解答と解説は76ページ参照

# 06 「ら抜き」「れ足す」「さ入れ」言葉

## 1.「ら抜き」言葉

　「ら抜き」言葉を日常で多くの人が使うようになってきましたが、文法上は誤りです。ビジネス文章や目上の方との会話には使わないほうが望ましいです。

　「ら抜き」言葉とは、「見れる」、「食べれる」、「決めれる」など、「ら」を抜いた言葉です。
　正しくは「れ」の前に「ら」を入れて「見られる」「食べられる」「決められる」です。

| | | |
|---|---|---|
| 「映画を**見れる**」 | → | 「映画を**見られる**」 |
| 「ご飯を**食べれる**」 | → | 「ご飯を**食べられる**」 |
| 「相手が決**めれる**」 | → | 「相手が**決められる**」 |

　「れる」「られる」どちらを使うかは、まず動詞を活用してみます。
　活用の種類は五つあります。
①五段活用とは
　活用語尾が五十音図の「アイウエオ」の五つの段落、全てに変化する活用のことです。
　「聞く」を活用させると、次のようになります。

| | | | |
|---|---|---|---|
| | 聞**か**ない | 未然形 | ア段 |
| | 聞**こ**う | | オ段 |
| | 聞**き**ます | 連用形 | イ段 |
| 聞く | 聞**く** | 終止形 | ウ段 |
| | 聞**く**とき | 連体形 | ウ段 |
| | 聞**け**ば | 仮定形 | エ段 |
| | 聞**け** | 命令形 | エ段 |

## ②上一段活用とは

全ての活用語尾が五十音図のイ段だけで活用し、「る」「れ」「ろ」「よ」が付きます。
「借りる」を活用させると、次のようになります。

| 借りる | 借りない | 未然形 | イ段 |
|---|---|---|---|
| | 借ります | 連用形 | イ段 |
| | 借りる | 終止形 | イ段 |
| | 借りるとき | 連体形 | イ段 |
| | 借りれば | 仮定形 | イ段 |
| | 借りろ、借りよ | 命令形 | イ段 |

## ③下一段活用とは

全ての活用語尾が五十音図のエ段だけで活用し、「る」「れ」「ろ」「よ」が付きます。
「食べる」を活用させると、次のようになります。

| 食べる | 食べない | 未然形 | エ段 |
|---|---|---|---|
| | 食べます | 連用形 | エ段 |
| | 食べる | 終止形 | エ段 |
| | 食べるとき | 連体形 | エ段 |
| | 食べれば | 仮定形 | エ段 |
| | 食べろ、食べよ | 命令形 | エ段 |

## ④カ行変格活用とは

他の語とは違い、カ行で変則的な活用をする。
「来る」の一語のみ。

| 来る | こない | 未然形 |
|---|---|---|
| | きます | 連用形 |
| | くる | 終止形 |
| | くるとき | 連体形 |
| | くれば | 仮定形 |
| | こい | 命令形 |

## ⑤サ行変格活用とは

　他の語とは違い、サ行で変則的な活用をする。「する」の一語のみですが、「作業する」のように名詞について、複合動詞としても活用する。

| | | |
|---|---|---|
| 作業する | 作業**し**ない | 未然形 |
| | 作業**せ**ぬ | |
| | 作業**さ**れる | |
| | 作業**し**ます | 連用形 |
| | 作業**する** | 終止形 |
| | 作業**する**とき | 連体形 |
| | 作業**すれ**ば | 仮定形 |
| | 作業**しろ** | 命令形 |
| | 作業**せよ** | |

　活用の種類の見分け方は、動詞に「ない」を付ければ分かります。

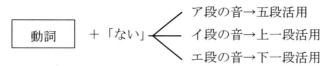

　動詞　＋「ない」
- ア段の音→五段活用
- イ段の音→上一段活用
- エ段の音→下一段活用

　活用の種類によって「れる」「られる」のどちらを使うかが分かります。

イ段の音＋「ない」 ┐
エ段の音＋「ない」 ┘ ―「られる」

ア段の音＋「ない」―「ら」を抜いて「れる」

例１）「スーツをかっこよく着れる人は、素敵ですね。」は「れる」「られる」どちらでしょうか？
　　①「着れる」を「着る」と言い切りの形にします。
　　②未然形「着ない」にします。
　　③「～ない」の直前は「き」。イ段で終わるので「着**られる**」になります。
　　正解は、「スーツをかっこよく**着られる**人は、素敵ですね。」です。

例２）「先生は、本を読みます。」の敬語は「れる」「られる」どちらでしょうか？
　　①「読みます」を「読む」と言い切りの形にします。
　　②未然形「読まない」にします。
　　③「～ない」の直前は「ま」。ア段で終わるので「読ま**れる**」
　　正解は、「先生は、本を**読まれる**。」です。

例 3)「お客様が 13 時に来ます。」の敬語は「れる」「られる」どちらでしょうか?

①「来ます」を「来る」と言い切りの形にします。

②未然形は「来ない」になります。

③これはカ行変格活用で「来る」だけの特殊な活用です。

「られる」を付けるという決まりがあります。

正解は「お客様が 13 時に**来られる**。」※「いらっしゃる」「お見えになる」と言い換えられる。

例 4)「上司が出張します。」の敬語は「れる」「られる」どちらでしょうか?

①「します」の言い切りの形は「する」です。

②未然形は「しない」になります。

③これは、サ行の音で変則的な変化をするサ行変格活用で「する、〜する」だけの特殊な活用です。

「れる」を付ける決まりがあります。

正解は「上司が出張**されます**。」

**【問題】次の文を正しく直しましょう。**

・Aさんが、今日ここに**来る**。     (                    )

・私は、朝早く**起きれる**。     (                    )

・辛い物は、**食べれない**。     (                    )

## 2.「れ足す」言葉

「れ足す」言葉も、日本語として正しくありません。文章を書く際には特に気を付けましょう。

「れ足す」言葉とは、「可能動詞」(『〜できる』という (可能)の意味を表す動詞) に余分な「れ」を足した言葉のことです。

**参考)**

× 「ビジネス文書を**書けれる**」 →○ 「ビジネス文書を**書ける**」

× 「ワインが**飲めれる**」     →○ 「ワインが**飲める**」

× 「カフェで新聞が**読めれる**」 →○ 「カフェで新聞が**読める**」

　　「れ足す」言葉は、「ら抜き」言葉との混合により、間違いが起こりやすいです。
例えば「起きる」は、上一段活用なので、可能の助動詞は、「られる」を付けて、「起き**られる**」となります。起きることができるという意味です。
　これを誤って「ら抜き」言葉の「起き**れる**」と理解してしまっていると、その影響で、五段活用の動詞に「れ」を足してしまいがちです。
　　例えば、「出せる」を「出せれる」と間違って思い込んでしまいます。「出すことができる」と言いたいときは、「出せる」で正しい可能表現になります。「れ」を足すことで、"できる"という意味を強調しているつもりなのかもしれませんが、かえって意味が伝わりにくくなります。

## 3.「さ入れ」言葉

「さ入れ」言葉とは、
　不要な「さ」を入れた表現です。「～せていただく」で良いところを、「～させていただく」としてしまう表現を「さ入れ」言葉と言います。
　　参考)
　　　×「呼ば**させて**いただきます」→○「呼ば**せて**いただきます」
　　　×「行か**させて**いただきます」→○「行か**せて**いただきます」
　　　×「帰ら**させて**いだだきます」→○「帰ら**せて**いただきます」


間違わないようにするには、
言葉を一度、「ない」の形にしてみましょう。
①「ない」の前の母音が「ア段」の時（五段活用）は、「さ」は入れません。
　　例えば
　　「歌う」　⇒　「歌**わ** ＋ ない」　⇒　「歌<u>わせて</u>いただきます」
　　　　　　　　ア段の音＋ない＝五段活用

②「ない」の前の母音が「イ段」（上一段活用）「エ段」（下一段活用）の時は、「さ」を入れます。
　　例えば
　　「食べる」⇒「食**べ** ＋ ない」　⇒　「<u>食べさせて</u>いただきます」
　　　　　　　　エ段の音＋ない＝下一段活用


普段から「言葉」に敏感になり、「正しい日本語」を大事にしてください。

**【問題】** 次の文を正しく直しましょう。

・資料を<u>読まさせて</u>いただきます。　　（　　　　　　　　　　　　　　　）

・横を<u>通らさせて</u>いただきます。　　　（　　　　　　　　　　　　　　　）

・早く<u>行ける</u>ように努力いたします。　（　　　　　　　　　　　　　　　）

※解答と解説は 77 ページ参照

# 07 敬語はビジネスの基本

## 1．尊敬語・謙譲語・丁寧語

　敬語は、相手に対して敬意を表す言葉です。ビジネスシーンでのコミュニケーションを円滑にするために、社会人としても正しい敬語を使うことは、基本です。間違った敬語は失礼な言い方や、悪い印象を与えてしまうこともあります。また、ビジネスシーンでは、会話だけではなく、メールや文書（書類）でも、ビジネス敬語が必要となります。社内、社外でも敬語の使い分けが重要です。まず、誰に対して敬意を払うのかを考えるとどの敬語を使用するのが良いか分かります。

　日頃から正しい敬語を使用することを心掛けましょう。

　一般的に敬語には、「尊敬語」「謙譲語」「丁寧語」があります。

| | 尊　敬　語 | 謙　譲　語 | 丁　寧　語 |
|---|---|---|---|
| 用法 | 目上の人に対して、相手の動作や状態に敬意を表します | 目上の人に対して、自分の動作や状態を謙遜してへりくだった表現をします | 立場の上下に関係なく、丁寧な表現で敬意を表します |
| 基本 | お（ご）〜なさる<br>お（ご）〜になる<br>〜れる、〜られる | お（ご）〜する<br>お（ご）〜いたす<br>〜（さ）せていただく | です・ます<br>ございます<br>（お・ご）＋名詞 |
| 言う | おっしゃる | 申す・申し上げる | 言います |
| 見る | ご覧になる | 拝見する | 見ます |
| 聞く | お聞きになる | 伺う・拝聴する | 聞きます |
| する | なさる・される | いたす・させていただく | します |
| 行く | いらっしゃる | 伺う・参る | 行きます |

## （1）自分側と相手側の呼び方

|  | 自分側 | 相手側 |
|---|---|---|
| **わたし** | わたくし | そちら様　〇〇様 |
| **会社** | 当社　弊社　わたくしども | 御社　貴社　そちら様 |
| **あの人** | あの者 | あの方　あちらの方 |

## （2）断りや依頼などをするとき

　「失礼ですが」「恐れ入りますが」「お手数ですが」「恐縮ですが」などのクッション言葉を使うと、丁寧な印象になります。

参考例）

| 場面 | クッション言葉 |
|---|---|
| **頼むとき** | 恐れ入りますが<br>お手数ですが |
| **尋ねるとき** | よろしければ<br>失礼ですが |
| **断るとき** | 申し訳ございませんが<br>あいにくではございますが |

## （3）お願いや要望などをするとき（相手の意向を尊重する効果）

　「〜してください」の言い方は、威圧的にもとられてしまいますので、「〜していただけますか」「〜していただけませんか」と依頼形にするとやわらかくなります。


　例えば

　「こちらのテキストを見てください」→「こちらのテキストをご覧いただけますか」

　相手に何かをお願いする場合は、命令口調ではなく依頼する形で伝えると良いです。

## ２．ビジネス文書では謙譲語と丁寧語を使いこなそう

　ビジネス文書では、読み手に依頼をしたり、提案をしたりすることが多くあります。自分の立場を下にして、へりくだり、丁寧な文末にする必要があります。

- 行く　⇒　「伺う」　　⇒　「伺います」
- 見る　⇒　「拝見する」⇒　「拝見いたします」
- 知る　⇒　「存じる」　⇒　「存じております」

（１）よく使う言い回し

| ビジネス敬語 |
|---|
| OKの返事/了解しました　→　承知いたしました／かしこまりました |
| NGの返事　→　申し訳ございません／あいにくですが〜 |
| ○○はどうなってますか?　→　○○の件、いかがでしょうか? |
| 確認してください　→　ご確認の程、よろしくお願いいたします。よろしくご査収ください |
| 山田にお伝えしておきます　→　山田に申し伝えます |
| ご苦労様です　→　お疲れ様です |

（２）文末でより丁寧に

| より「丁寧な表現」 |
|---|
| お願いします　→　お願いいたします |
| 説明します　→　説明いたします |
| 資料です　→　資料でございます |
| 失礼します　→　失礼いたします |
| 頂戴します　→　頂戴いたします |
| いかがですか　→　いかがでございますか |

# 08 形容詞の変換

## ◆ 形容詞は活用形があります

　形容詞とは、主に名詞を修飾する言葉で、物事の性質や状態を説明するものです。言い切りの形が「〜い」で終わるのが特徴です。「忙しい」「新しい」「美しい」などが形容詞です。

　これらは、活用され語尾の形が変わることがあります。

### （1）形容詞の活用形について

　　例えば語尾の変化は、次のようになります。

| 未然形 | 「明るかろう」 | 「〜う」に連なる形 |
|---|---|---|
| 連用形 | 「明るかった」 | 「かっ」は助動詞「た」「たり」に続く |
| | 「明るくなる」 | ①用語「〜なる」「〜ない」に続く |
| | | ②「て」「は」に続く、中止法に用いる |
| 終止形 | 「明るい」 | 言い切る形 |
| 連体形 | 「明るいとき」 | 主に「〜とき」などの体言に連なる形 |
| 仮定形 | 「明るければ」 | 「〜ば」に連なる形、仮定の意味 |

　形容詞の活用形は、未然形・連用形・終止形・連体形・仮定形の5種類あります。

　命令形はありません。


どのように使うかというと

　・この店の雰囲気は明るい。　　　　　終止形

　・明るくて良かった。　　　　　　　　連用形

　・いつも明るい笑顔で好感が持てる。　連体形

（２）「すごい」と「すごく」の違い

　どちらも感動したとき、驚いたときに使われる言葉です。

①「すごい」は形容詞です。

　　「すごい」の活用は「すごかろう」「すごかった」「すごくない」「すごい」「すごいとき」
「すごければ」となります。

　　名詞を修飾する場合に形容詞は使います。

　　　| 「すごい」＋名詞 |
　　　| --- |

　　（例）

　　　　「すごい美人」

　　　　「すごいケーキ」

　　　　「すごい名人」

②「すごく」は副詞です。

　　　形容詞「すごい」の連用形からできた言葉です。

　　　| 「すごく」＋（動詞・形容詞・形容動詞） |
　　　| --- |

　　（例）

　　　　「すごく食べる」

　　　　「すごく高い」

　　　　「すごく嬉しい」

# 第 5 章

## ビジネス文書の
## 基本構成を知ろう

〜「文章構成」を考えて「伝わる文章」になる〜

# 01 読み手を惹きつける書き出しに

## 1. 冒頭にこそこだわる

　書類や書籍は、ほとんどの人が冒頭から読み始めます。目次がある場合は、早い段階でざっと目を通すでしょう。タイトルや表題が目を引くものだったら、内容もおそらく良いものだと期待をします。

　企画書や依頼書などは、冒頭で勝負が決まると言っても過言ではありません。すべてを冒頭で端的に書いてしまっても良いのです。その後、理由や根拠を書き進めれば良いのです。相手に「わかりやすさ」が伝われば、きっと興味を持ち、読んでくれることでしょう。文章や原稿を書くうえで、最初の一行（数行）は重要です。

　例えば、良いタイトルができた場合、それに近付けようと書き手も予想以上の力を発揮するかもしれません。もし、いくつものタイトルが浮かんでいて、決めかねているときは、先に本文を書いてから、結論を導きだしても良いです。

　いずれにせよ、冒頭にこだわり、まず、相手を惹きつけましょう。

## 2. 見出しを付ける

　見出しも、タイトルや表題と同じような効果があります。「かたまり」の内容を短い表現にして「かたまり」の冒頭に付けます。その時、空白の行を入れると見やすくなります。

　適度な空間のある文章だと、読み手は見た瞬間に「わかりやすそうだ」と読む気になります。

　また、読み手は見出しを見れば、「今は重要ではない」「関心がない」として読まないでおくか、「知りたかった情報」「興味がある」として、じっくり読むかを判断できます。

　上手な見出しは、読み手を惹きつけ、文章をわかりやすくする手段の一つです。

## ３．結論➡理由➡具体例➡再度結論の文章構成で

　第2章（p.22）で「結論」を先に書く、第3章（p.32）で構成次第で読みやすくなると述べました。ここではさらに論理的に書く大切さについて述べていきます。

　論理的に話を進めていくということは、主張と理由、原因と結果がセットになっていて道筋があることをいいます。まず、主張や結論を書き、そこに至った経緯を述べていきます。

　PREP（プレップ）法を意識すれば、要点をつかんだわかりやすい文章、説得力のある文章になります。

　PREP（プレップ）法とは、「Point ・ Reason ・ Example ・ Point」の略です。

| Point | 結論 | 〜です。 |
| --- | --- | --- |
| Reason | 理由 | なぜなら |
| Example | 具体例 | 例えば |
| Point | 再度結論 | だから |

　「結論」を最初に書けば、読み手は、理由や具体例を読みながら「なるほど、そういうことなのか」と文章の展開を理解できます。最後にまた「結論」を読んだときは、納得しやすいです。

PREP法を用いて、論理的で説得力のある文章を書きましょう。

例題）

| | |
|---|---|
| 結論 | ：私は〇〇店の食パンが大好き**です**。 |
| 理由 | ：**なぜなら**美味しい水と粉を使用しているからです。 |
| 具体例 | ：**例えば**、食パンはそのまま何も付けずに食べることがお勧めです。 |
| | 甘みもあって、弾力性もあり最高だからです。 |
| 再度結論 | ：**だから**私は〇〇店の食パンが大好きです。 |

PREP法を用いて文章を作成してみましょう。

Point 【結論】

_____

Reason【理由】

_____

Example【具体例】

_____

Point【再度結論】

_____

# ４．長い文章には「まとめ」を書く

　ビジネス文書は、簡潔に短めに書くことが大切ですが、長くなることもあるでしょう。

　その場合、途中の詳しい情報や理由を読んでいるうちに、最初に読んだ結論の印象が薄くなる場合もあります。

　そういう時は、最後に「文章全体のまとめ」を書きます。結論や趣旨を繰り返し書くことで、重要なことが、読み手の心の中にしっかりと残ります。

# 02 バランスが大切
## 「漢字３割：ひらがな７割」

### ◆ ひらがなにすると読みやすい語句

　読みやすい文章を書く秘訣は、漢字とひらがなのバランスにもあります。

　文章を書くときは、「漢字３割：ひらがな７割」を意識すると良いです。

　カタカナの名詞や、どうしてもカタカナでないと読者に伝わらないという場合だけカタカナを使います。

　漢字やひらがなを使って言い換えられる言葉であれば、変換するのも一つの手です。

【漢字３割・ひらがな７割のバランスで読みやすい文章を作る秘訣】

（１）ひらがなでも不自然ではない言葉はひらがなにする

　例えば

| ひらがなでも不自然ではない言葉 |
| --- |
| ～に於いて　→　～において |
| ～事　→　～こと |
| ～毎に　→　～ごとに |
| ～に過ぎない　→　～にすぎない |
| ～の為　→　～のため |
| ～共に　→　～ともに |
| ～迄　→　～まで |
| ～する訳　→　～するわけ |
| ～（して）欲しい　→　～してほしい |

　ただし、会社でルールがある場合は、そちらに従ってください。

（２）副詞と接続詞で書き方が異なる

【さらに】

　　　（接続詞）さらに　　　予選は通過した。

　　　　　　　　　　　　　**さらに**、優勝を目指して努力します。

　　　（副　詞）更に　　　今日は忘れ物をし、**更に**ミスもしてしまった。

　　どちらも「その上に」という意味です。

　　接続詞はひらがな、副詞は漢字が原則

【おって】

　　　（接続詞）おって　　　本日、打合せを行いました。

　　　　　　　　　　　　　**おって**、商品をお届けします。

　　　（副　詞）追って　　　面接結果は**追って**連絡いたします。

　　接続詞も副詞も「後で」という意味です。

　　接続詞として使う場合は、段落を変えて、読点をつけましょう。

（３）「〜していただく」「〜いたします」はひらがなで書く

　　相手に「何かを〜してもらう」ときは、ひらがなで「いただく」と書きます。

　　例えば

　　「ご覧いただく」「お買い求めいただく」「お聞きいただく」です。

　　また、「致す」には影響を及ぼすという意味があり、あまり良い意味ではありません。

　　「致す」と漢字表記にする際はそれ自身が動詞になる場合。「至らせる・及ぼす・届ける・

　　引き寄せる・仕向ける・尽くす」という意味で使うときは「致す」にします。

　　動詞は漢字表記、補助動詞はひらがな表記と覚えておきましょう。

　　例えば

　　　×「よろしくお願い致します」

　　　○「よろしくお願いいたします」

（４）注意をする語句

　・「有り難う」は「有ることが難しい（めったにない）」という意味なので、感謝の気持ち
　　は「ありがとう」のひらがなが望ましい。

　・「十分」は、数量的に満たされた状態。「充分」は感覚的に満たされた状態。

# 03 ビジネスで気を付けたい表現

## 1．曖昧表現を使うなら

　どうしても曖昧な表現を使わなければいけないとき、気を付けることは、慎重さや相手を気遣う気持ちがこもっているかどうかです。

（例）
- ×「一応、資料を添付します」
- ○「念のため、資料を添付いたします」

　同じような意味でも「念のため」とすると、投げやりな感じはしません。

| 曖昧表現 | 言い換え表現 |
|---|---|
| 多分 | おそらく、おおよそ |
| できるだけ | 可能な限り |
| とりあえず | まずは、取り急ぎ |
| 早めに | 迅速に |

　曖昧表現は、複数の解釈が可能になってしまい、事実関係がきちんと正確に伝わらないケースが出てきます。また、表現をぼかしてしまうため、自信のない印象を与えてしまいます。使う場合は、相手の気持ちに配慮し、トラブルにならないよう注意が必要です。

## 2．上司やお客様に対して失礼な言葉

　目上の人に対して使ってはいけない言葉や表現

### ①ご苦労様です ×
　目下の人には良いですが、目上の人には「**お疲れ様です**」にする。

### ②私には役不足です ×
　自分の実力より軽いこと、役目に満足してないことをいう言葉なので、「**力不足です**」と言わなければいけない。

③なるほどですね ×

「なるほど　そうですね」の省略形で目下の人につかう言葉。「**おっしゃるとおりです**」と言わなければいけない。

④ご一緒します ×

「ご一緒します」は丁寧語です。目上の方には相手を高める謙譲表現は「**ご一緒いたします**」「**ご一緒させていただきます**」「**お供させていただきます**」を使いましょう。

⑤了解しました ×

目上の人には「謙譲語」を使用する必要があります。「する」の謙譲語は「いたしました」となり「**了解いたしました**」を使用してください。更に「**承知いたしました**」が社会人としてベストです。

⑥おわかりいただけたでしょうか ×

「わかりましたか」と上から言われているようです。ビジネスシーンでは、不向きな言葉遣いです。目上の方には「**ご理解いただけたでしょうか**」「**ご理解いただけましたでしょうか**」と使いましょう。

⑦お座りください ×

「お座りください」は全く間違いではないですが、目上の方に対しては失礼な表現に聞こえてしまいますので「**お掛けください**」を使いましょう。

⑧お久しぶりです ×

ビジネスシーンでは、相手に不快感を与える場合があります。「お久しぶりです」は職場の同僚や後輩の方に使う言葉です。目上の方には「**御無沙汰しております**」を使いましょう。

⑨大変参考になりました ×

「参考になりました」という言葉は、相手を「評価する」「自分の考えの足しにする」ととても失礼な言葉遣いです。謙虚な姿勢で「**勉強になりました**」を使いましょう。

⑩どうしますか ×

ビジネスシーンでは、目上の人には使わない。自分が「する」行為の場合は「**いかがいたしましょうか**」です。相手が「する」行為の場合は「**いかがなさいますか**」です。その場に適した言葉遣いをしましょう。

## 3. 間違いやすい誤った表現

　本当は誤っているにも拘わらず、オフィスやお店・レストランなどを中心に、生活の中で当たり前のように使われ続けた結果、定着してしまった言葉や表現も数多く存在します。ここではその代表的なものを紹介していきます。

### ①私のほうで行います ×

日本語として誤りです。「**私が行います**」と言わなければいけない。

### ②各位様 ×

「各位」自体が皆様を意味しているので「**〇〇各位**」「**お客様各位**」とする。

### ③部長様 ×

役職に敬称は付けません。「**〇〇部長**」「**部長の〇〇様**」とする。

### ④お体をご自愛くださいませ ×

「自愛」は「体を大切にする」という意味で二重表現になっています。「**どうぞご自愛くださいませ**」と丁寧な表現を使いましょう。

### ⑤今お時間よろしかったでしょうか ×

「今お時間」は相手の都合を確認するときに使う言葉です。「よろしかったでしょうか」は、バイト敬語ともいわれる過去形の言葉遣いです。「**今お時間よろしいでしょうか**」と使いましょう。

### ⑥御社について存じ上げております ×

「存じ上げる」は人に対して使う謙譲語です。人以外は「**存じております**」を使います。

### ⑦お名前を頂戴できますか ×

お名前は「ちょうだいする」ものではありません。「**お名前をお伺いできますか**」「**お聞かせいただけますか**」などを使いましょう。

### ⑧とんでもございません ×

目上の方に対して不適切な表現です。「**とんでもないことでございます**」「**恐れ入ります**」を使いましょう。謙譲の場合には「**お気遣いありがとうございます**」。ただし、「とんでもない」は否定の意味もあるので使い方には、注意しましょう。

## ４．間違いやすい慣用句

（１）使い方が決まっている言葉

・**当たり年**

農作物や果物などの収穫が特に多い年のこと。または、良いことが多く幸運な年のこと。

（例）

×　今年は台風の当たり年で大変だった

○　今年は桃の当たり年で大きな桃が売られている

・**気が置けない**

相手に何の気遣いもいらないという意味。

（例）

×　気が置けないので、気楽に話せない

○　気が置けないので、気楽に話せる

（２）言葉の取り違え

・**足をすくう**

「すくう」とは下から上へ急に持ち上げることをいう。足はすくえるが、足元はすくえない。

（例）

×　部下に足元をすくわれる

○　部下に足をすくわれる

・**心魂（しんこん）を傾ける**

「心魂」は、たましい、精神の意味で魂をその方向に集中させること。

「心血（しんけつ）」は、全力を注いで打ち込むという意味で「心血を注ぐ」とする。

（例）

×　絵画の制作に心血を傾ける

○　絵画の制作に心魂を傾ける

（3）よく似た言葉の使い分け

・「首がまわらない」・・・借金などのために、金銭のやりくりがつかない。

・「手がまわらない」・・・注意や世話が十分に行き届かない。


・「踵 を返す」・・・後戻りすること。引き返すこと。

・「手のひらを返す」・・・急に態度を変えること。


（4）書き間違いやすい漢字

・「ゆうしゅうのび」

最後までやり通し、立派な成果をあげることをいう。終わりを立派にする「有終」が正しい。

　　　× 　優秀の美

　　　○ 　有終の美


・「なんなく」

たやすく、簡単にという意味。困難なこともなくということだから「難なく」が正しい。

　　　× 　第一関門は何なくパスした

　　　○ 　第一関門は難なくパスした


　文章の構成や表現は、声に出して読むと違和感に気付きやすいです。書いたら見直しをする習慣を付け、漢字の変換間違いや、打ち間違いといった単純ミスはすぐに訂正をします。

　日本語の正しい文法を使い、読み手が不快な思いをしないよう心がけて、文章を書くことが大切です。

# MEMO

# おわりに

　現在の状態に満足せず、より優れたものを目指し努力する心を向上心（こうじょうしん）といいます。

　誰かに強制されたり、仕方なくしたりするのとは全く違います。

　何事も「自分の成長につながる」と、前向きに捉え、努力を惜しまない人が、向上心のある人です。

　努力し続けることができれば、やがてビジネスチャンスにも恵まれます。面倒だと思う時もあるでしょう。そんな時は、「目標を叶えれば良いことがある」とポジティブに捉えましょう。

　最初は、立派なものでなくても良いです。あなたの真心のこもった文章を相手に渡してみてください。

　努力や誠意が伝われば、次につながります。

　自分が成長していく過程を楽しんで、有意義な人生を送ってください。

## 13 ページの参考解答

- 読み手は誰？　　　　　　　　　　　　（同僚、上司、恩師など　　　　　　　　）
- 何を伝えたい？　　　　　　　　　　　（自然の気持ちよさと滝の迫力　　　　　）
- 読み手にどう思ってほしい？　　　　　（興味をもってほしい　　　　　　　　　）
- どのように行動してほしい？　　　　　（行ってみてほしい　　　　　　　　　　）

### ■参考解答

岐阜県養老郡養老町にあるおすすめの場所「養老の滝」をご紹介します。専用駐車場から滝までの道のりは、徒歩約 30 分。

散策路が整備されており、自然の中を気持ちよく歩くことができます。

途中にある橋や泉には趣があり、思わず写真を撮りたくなる景色ばかりです。

滝に近づくと、ときおり水しぶきを浴びることもでき、流れ落ちる姿には迫力を感じます。ぜひ行ってみてください。

### ■箇条書きにした際の参考解答

【養老の滝】

- 岐阜県養老郡養老町にある
- 駐車場から歩いて 30 分程で滝に到着できる
- 写真を撮りたくなるような景色ばかり
- 養老の滝へ出かけてほしい

- 散策路が整備されていて歩きやすい
- 自然の中を歩く
- 流れ落ちる水の迫力が楽しめる

## 40 ページの解答例

【問題 2】

今日は社員食堂で、日替わりランチを食べようと決めていた。

しかし、会議が長引き休憩時間が遅くなってしまった。

それに、数量限定で、すでに売り切れていた。

というわけで、思いきって外に出た。コンビニで弁当を買い、公園のベンチで食べるのは思いのほか気持ちがよかった。

## 41 ページの解答例

【新しく販売される携帯電話が欲しい。】

（しかし　）、それには予約が必要だ。

（しかも　）、2 か月も待たなければならない。

（そこで　）、もうしばらく今の携帯電話で我慢することにした。

## 45 ページの解答と解説

②「会議を、14 時<u>から</u>行います。」

　　「から」には、〈時間・場所の起点〉がありますが、〈比較〉の働きはありません。「より」も「から」どちらも間違いではありませんが、「から」の方が一般的です（「公用文作成要領」では、時および場所の起点を示すには、「から」を用いて、「より」は用いないとされています）。

　　会議のスタート時間を知らせるのなら「から」が正解です。さらに言うと、範囲がわかっている場合は、「〜から〜まで」としましょう。

　「14 時<u>から</u> 16 時<u>まで</u>会議を行います。」

　　「より」には、〈比較〉という性質があります。「より」は次の場合に使いましょう。
　　・背丈<u>より</u>高い雑草が生えています。

## 47 ページの解答例

【問題 1】

> 上司である田中さんの机上には『ビジネス文書の書き方』という本があり、日頃からとても熱心にご覧になっています。
> 私が、書類作成で困ったときに相談すると、いつでも的確に教えてくださいます。

## 49 ページの解答と解説

【問題 1】

> 　　私の趣味は本を読んだり、音楽を聴いたり、野球やボーリング<u>**をしたりすることだ**</u>。特に休日に<u>**大勢の**</u>友人と楽しめることはこれ以上ない喜びだ。
>
> 特に副詞の「たくさん」には注意してください。一定の格式を求められる文書では使わないほうが無難です。理由は、読む人に幼稚な「話し言葉」とみなされ、嫌われる可能性が高いからです。

【問題 2】

> 　今日の講師は東京**から**お越しくださいました。各地で講演をされ、ユーモアのある語り口で人気の方です。教育や健康**や**子育てについての話をしていただく予定です。

比較の文章ではないので、＜時間・場所の起点＞の「から」を使います（「より」は比較を示す場合に使用）。

並列助詞の「〜や」を使うときは、前後の内容が並列の関係であることを表す言葉です。反復して使うのが原則です。

## 53 ページの解答と解説

・Ａさんが、今日ここに<u>来る</u>。　　　　　（　　来られる　　　）

　「来れる」を言い切りの形にすると「来る」。未然形「来ない」にする。「〜ない」の直前は、オ段。これはカ行変格活用で「来る」だけの特殊な活用です。

　「来る」には、「られる」を付けるという決まりがあります。

・私は、朝早く<u>起きれる</u>。　　　　　　（　　起きられる　　　）

　未然形「起きる」に「〜ない」を付けて「起きない」の形にすると「イ」段の音で終わる。上一段活用になるので「られる」を付けます。

・辛い物は<u>食べれない</u>。　　　　　（　　食べられない　　）

　未然形「食べる」に「〜ない」を付けて「食べない」の形にするとエ段の音で終わる。下一段活用になるので「られる」を付けます。

## 55 ページの解答と解説

・資料を<u>読まさせて</u>いただきます。　　　（　　読ませて　　　）

　「読む」に「〜ない」を付けると「読まない」になります。「ア」で終わるので「さ」は入れません。

・横を<u>通らさせて</u>いただきます。　　　　（　　通らせて　　　）

　未然形「通ら」に「〜ない」を付けると「通らない」になります。「オ」で終わるので「さ」は入れません。

・早く<u>行けれる</u>ように努力いたします。　（　　行ける　　　）

　可能動詞表現「行ける」に「れ」を足した「れ足す」言葉は誤りです。

# 参考文献

■『会社では教えてもらえない 人を動かせる人の文章のキホン』吉田裕子、株式会社すばる舎、2018 年 3 月 26 日第 1 刷発行

■『「9 マス」で悩まず書ける文章術』山口拓朗、総合法令出版株式会社、2019 年 4 月 25 日初版発行

■『「分かりやすい表現」の技術 意図を正しく伝えるための 16 のルール』藤沢晃治、株式会社文響社、2020 年 1 月 21 日第 1 刷発行

■『文章が劇的にウマくなる「接続詞」』山口拓朗、有限会社明日香出版社、2020 年 5 月 18 日第 7 刷発行

■『心を動かす 無敵の文章術』千田琢哉、株式会社マガジンハウス、2019 年 2 月 7 日第 1 刷発行

■『入社 1 年目ビジネスマナーの教科書』金森たかこ、株式会社プレジデント社、2020 年 2 月 22 日 14 刷発行

■『図解まるわかり ビジネスマナーの基本』浦野啓子、株式会社新星出版社、2018 年 2 月 25 日発行

■『新版 恥をかかないための言葉の作法辞典』学研辞典編集部、株式会社学習研究社、2002 年 4 月 1 日　初版発行

## 著者紹介

松井浩恵（まつい　ひろえ）

　株式会社グランツハート　代表取締役

　企業、高校、大学（サービス接遇検定対策）にて講師

　公益財団法人　日本電信電話ユーザ協会契約講師

　　　　「電話応対コンクール審査員・電話応対技能検定（もしもし検定）指導員」

　一般社団法人　日本産業カウンセラー協会

　　　　「産業カウンセラー・JAICO認定研修講師」

　中央労働災害防止協会「心理相談員」

　特定非営利活動法人ASK「飲酒運転防止インストラクター」

　キャリアコンサルタント国家資格

　電話応対技能検定（もしもし検定）指導者級

　ビジネス文書検定1級・サービス接遇検定1級優秀賞受賞

　コミュニケーション検定上級

　全日本マナー検定協会　マナーアドバイザーなど保有

## 職業訓練法人Ｈ＆Ａ　文書作成力強化

| | |
|---|---|
| 2021年4月1日 | 初版発行 |
| 2023年4月1日 | 第三版発行 |

著者　松井　浩恵

発行所　職業訓練法人Ｈ＆Ａ
　　　　〒472-0023　愛知県知立市西町妻向14-1
　　　　TEL 0566(70)7766
　　　　FAX 0566(70)7765

発売　株式会社　三恵社
　　　　〒462-0056　愛知県名古屋市北区中丸町2-24-1
　　　　TEL 052(915)5211
　　　　FAX 052(915)5019
　　　　URL http://www.sankeisha.com

ISBN978-4-86693-411-2